Inhalt

Schokoladenbranche - Alle Jahre wieder hofft sie auf das Weihnachtsgeschäft!

Kernthesen

Beitrag

Fallbeispiele

Zahlen und Fakten

Weiterführende Literatur

Impressum

GENIOS BranchenWissen Nr. 12/2007 vom 13.12.2007

Schokoladenbranche - Alle Jahre wieder hofft sie auf das Weihnachtsgeschäft!

Autor GENIOS BranchenWissen: A.Schneider

Kernthesen

- Die Schokoladenbranche hat im vierten Quartal des Jahres traditionell Hochkonjunktur. Die Weihnachtszeit hat einen Anteil am Schokoladengeschäft von mehr als 18 Prozent.
- Der Branchenumsatz liegt nach den ersten 22 Kalenderwochen bei 1 804,2 Millionen Euro und damit um 4,1 Prozent niedriger als im vergleichbaren Vorjahreszeitraum.
- Weltmarktführer im Industrie-Schokoladengeschäft ist das Schweizer

Unternehmen Barry Callebaut. Im Premiumsegment ist Lindt & Sprüngli Marktführer.

Beitrag

Weihnachtsmänner, Adventskalender, Weihnachtsschokolade, Baumschmuck und Pralinen Schokolade hat zur Weihnachtszeit Hochkonjunktur. Die Discounter schnitten beim Dezembertest für Bitterschokolade der Stiftung Warentest am besten ab.

Weihnachtszeit: Hochkonjunktur im Schokoladengeschäft

Vor kurzem lief "Chocolat" im Fernsehen. Und wer beobachtet hat, wie Vianne alias Juliette Binoche in ihrer Chocolaterie die warme braune Schokolade rührte und daraus köstliche süße Kunstwerke zauberte, der MUSSTE sich vom Sofa erheben und die heimischen Schokoladenvorräte plündern. Statistisch gesehen konsumiert jeder Bundesbürger insgesamt 8,49 kg Schokolade mit einem Wert (zu Herstellerpreisen) von 47,10 Euro.

Gerade jetzt in der Adventszeit entgeht man der Schokolade nur durch komatösen Dauerschlaf oder mit übermenschlicher Widerstandskraft. Ein Adventskalender mit Bildern ist gewiss schön, doch ein mit süßer Schokolade gefüllter ist halt einfach besser. Übrigens: Rund 2 400 Tonnen Schokolade-Überraschungen wurden in diesem Jahr in über 32 Millionen Adventskalender für den deutschen Markt gefüllt, wie eine Umfrage unter den deutschen Schokoladenherstellern ergab. (1) Weltmarktführer bei Adventskalendern ist übrigens die Wawi-Schokolade AG, aus Münchweiler bei Pirmasens mit einem Umsatz von über 100 Millionen Euro.

Mit Kirschen und Schokolade gefüllte Crêpes duften auf dem Weihnachtsmarkt, an jeder Ecke im Supermarkt zucken unsere Hände förmlich nach schokoüberzogenen Lebkuchen, und wer kann schon beim Schokoladenfondue in geselliger Runde dem verlockenden Braun widerstehen?
Offenbar nur wenige, denn die Schokoladenbranche hat im vierten Quartal des Jahres traditionell Hochkonjunktur. Weihnachtsmänner, Adventskalender, Weihnachtsschokolade, Baumschmuck und Pralinen haben an der Schokoladengesamtproduktion einen Anteil von 4,7 Prozent. Generell werden in der Vorweihnachtszeit mehr Süßigkeiten gekauft. So hat die Weihnachtszeit insgesamt einen Anteil am Schokoladengeschäft von

mehr als 18 Prozent. 43 400 Tonnen Schokoladenwaren wurden 2006 für das Weihnachtsgeschäft produziert.

Am beliebtesten sind Schokoriegel, die 100-g-Tafel Schokolade und pralinenähnliche Produkte. Sie waren auch in diesem Jahr die Umsatzträger im Schokoladengeschäft. [Abb.1]
Die erste Jahreshälfte 2007 lief nicht allzu gut. Der Handel musste beim Absatz von Pralinen und Schokolade empfindliche Einbußen hinnehmen, allen voran Aldi. Gut verkauften sich allerdings gekühlte Riegel (plus 5%)! Insgesamt liegt der Branchenumsatz nach den ersten 22 Kalenderwochen bei 1 804,2 Millionen Euro und damit um 4,1% niedriger als im vergleichbaren Vorjahreszeitraum. Alle Produkte müssen Absatzrückgänge hinnehmen, den stärksten die Tafelschokolade bis 99 g mit minus 17,9%. Nur die Kuchenriegel konnten bisher um 16% zulegen. (2)

2006 war zu warm für die deutsche Schokoladenindustrie

2006 kam die deutsche Schokoladenindustrie mit ihren ca. 90 industriellen Herstellern von Schokoladen und Schokoladenerzeugnissen übers Jahr gesehen nicht so gut weg. Es war schlicht zu warm! Nach

Angaben des Bundesverbands der Deutschen Süßwarenindustrie (BDSI) lag der mengenmäßige **Inlandsabsatz** von Schokolade 2006 leicht ca. 2 bis 3% unter dem Vorjahresergebnis. Wertmäßig bewegte er sich etwa auf Vorjahresniveau. Zum Glück ist unsere Schokolade auch im Ausland sehr gefragt. Die Exportquote der deutschen Schokoladenindustrie liegt bei 35%. Vor allem in Russland erfreut sie sich steigender Beliebtheit! Die Russen sind Schokoladen-Freaks mit einem stattlichen Pro-Kopf-Verbrauch von gut vier Kilo im Jahr. Das **Exportvolumen** stieg um 15,4% auf 372 000 Tonnen an. Der Exportwert lag rund 15,2% über dem Vorjahreswert und erreichte 1,44 Milliarden Euro. Und so konnte insgesamt die Produktion von Schokoladenwaren um ca. 4,7% auf 900 000 Tonnen gesteigert werden. Der **Produktionswert** lag mit 4,375 Milliarden Euro knapp unter dem Vorjahreswert von 4,4 Milliarden Euro (- 1 %). Die **Importe** kamen zu rund 90% aus Partnerländern der Europäischen Union, vor allem aus Belgien, Niederlande, Frankreich und Österreich. Von den 10%, die aus den sog. Drittländern kommen, steht die Schweiz mit großem Abstand an der Spitze. (3)

Angespannte Rohstoffsituation

Die Hersteller von Schokolade und Schokoladenerzeugnissen leiden unter der Entwicklung der Rohstoffpreise. Glukose ist um gut 30% teurer geworden, die Zuckerpreise zogen ebenfalls an, und die Preise für Edelkakao sind massiv gestiegen.
Kakao ist der Grundstoff der Schokolade. Und Westafrika ist unser wichtigster Lieferant für Rohkakao. 2006 importierte Deutschland 282 106 Tonnen (netto) im Wert von 377 573 Tsd. Euro Rohkakao. Das meiste kam aus der Elfenbeinküste mit einem Anteil von 53,3%. Es folgten Nigeria (13,1%), Ghana (12,8%) und Togo (8,6%). [Abb.2]
Auch die Teuerung der Milch bekommt die Schokoladenindustrie zu spüren. Sie setzt Milch- und Molkepulver in großen Mengen ein. Die Preise für Vollmilch- und Magermilchpulver sowie Molkepulver in Deutschland haben sich innerhalb eines Jahres inzwischen nahezu verdoppelt, der Preis für Laktose sogar verdreifacht. Die Branche bereitet daher die Verbraucher auf steigende Schokoladenpreise vor.

Hinter den Kulissen
Weltmarktführer im Schokoladengeschäft

Weltmarktführer im Schokoladengeschäft ist Barry Callebaut mit Sitz in Zürich, rund 3 Milliarden Euro Umsatz und weltweit 8 000 Mitarbeitern. Zu knapp 60 Prozent ist Barry Callebaut im Besitz der Familie Andreas Jacobs (Kaffee!). Uns deutschen Konsumenten begegnet er meist nur in Form des Tochterunternehmens Stollwerck mit der Marke Sarotti. Denn das Endkundengeschäft zählt nicht zum Schwerpunkt des Konzerns. Er konzentriert sich vielmehr auf das Geschäft mit Industriekunden und gewerblichen Weiterverarbeitern wie Bäckereiketten, Konditoren, Caterer und Hotels. An Hersteller wie beispielsweise Nestlé und Hershey liefert er Rohmasse, Kakaopulver und butter im großen Stil. Daneben bestückt Barry Callebaut nahezu alle deutschen Einzelhandelsketten, darunter Aldi, mit deren Eigenmarken. Im September hat er seine US-Tochterfirma Brachs an den Süßwarenhersteller Farleys & Sathers Candy Company verkauft und auch Sarotti soll abgestoßen werden. (4), (5)

Deutschlands älteste Schokoladenfabrik ist ebenfalls für viele ein "Geheimtipp": Halloren. Die "Halloren-Kugeln" aus Sahnecreme und Kakaomasse sind ein Klassiker und Kult in Ostdeutschland. Im Weihnachtssortiment finden sich Weihnachtssterne aus Trüffel, Marzipan und Nougat unter der Marke "Mignon". Im Westen Deutschlands ist Halloren noch nicht so bekannt, aber der Unternehmenschef arbeitet daran. Immerhin ist Halloren bereits der einzige Hersteller, dessen Pralinen unter dem Namen des Münchener Feinkosthändlers Käfer verkauft werden dürfen. Im November meldete das Unternehmen, dass seine Produkte nun auch bei Aldi und Lidl zu kaufen seien. (6)

Discountschokolade nicht schlechter als Premiumware

Auch bei Schokolade gilt, dass teure Markenware nicht unbedingt besser ist als die günstigere Discounterware. Die Stiftung Warentest hat im Dezember 25 Bitterschokoladen unter die Lupe genommen. Bitterschokolade liegt im Trend. Der Umsatz ist im Jahr 2006 um rund 23 Prozent gestiegen. Sie ist weniger süß, fester als Milchschokolade und hat einen Kakaoanteil von 60 oder 70 Prozent und mehr. Die Testsieger heißen Aldi Moser-Roth, Lidl J.D. Gross und Lidl Fairglobe mit einer Preisspanne von 35 Cent bis 1,19 Euro je 100 Gramm. Auffallend: Bei etlichen Marken waren der Kakaoanteil, die Nährwerte oder Zutaten auf dem Etikett nicht korrekt angegeben.
Die Testergebnisse von 20 Milchschokoladen vom Oktober waren ähnlich. Auch hier lagen die Discounter Lidl und Aldi vorne. Testsieger war die

Fairglobe-Schokolade von Lidl. Ganz ohne Skandale gehts auch im süßen Geschäft nicht: Der Hersteller Rapunzel stoppte jetzt den Verkauf der Bio-Bitterschokolade "Bio Negro", weil die Stiftung Warentest darin den krebserregenden Stoff Benzo(a)pyren fand. (7), (8)

Im Premiumsegment ist der Schweizer Hersteller Lindt & Sprüngli Markführer mit 1,5 Milliarden Euro Jahresumsatz. Auf Rang zwei liegt das 117 Jahre alte Bremer Unternehmen Hachez Chocolade, das die Premiummarken Hachez und Feodora herstellt (Umsatz ca. 100 Millionen Euro). "Als einziger deutscher Schokoladenhersteller röstet Hachez den wertvollsten Bestandteil seiner Produkte, die Kakaobohnen, noch selbst, verwendet ausschließlich natürliche Zutaten und produziert nur in Deutschland." (9) Die Tafel ist hier allerdings schon mal drei- bis viermal so teuer wie eine klassische Milka. Weitere Premiummarken sind Gubor, Niederegger, Ferrero und Rausch. Die Premiummarken haben rund drei Prozent Marktanteil, machen damit jedoch zehn Prozent des Umsatzes.

Fazit

Wer die negativen Auswirkungen der Kalorien fürchtet, der tröste sich mit den positiven Wirkungen auf die Stimmung. Denn Schokolade macht glücklich, sie fördert die Bildung von Glückshormonen, den Endorphinen. Und mit diesen im Blut erträgt sich etwaiger vorweihnachtlicher Stress bestimmt viel leichter.

Fallbeispiele

Barry Callebaut AG

, Zürich, mehrheitlich in Händen von Jacobs, 2,5 Milliarden Euro Jahresumsatz, verzeichnet einen schrumpfenden Absatz in Deutschland und setzt ganz auf die Schwellenländer China, Mexiko, Indien und Russland. Rund 200 Millionen Franken und dann noch mal bis zu 180 Millionen will das Unternehmen dort in den nächsten zwei Jahren investieren. Der Schokoladenhersteller Stollwerck, deutsche Tochterfirma von Barry Callebaut, wurde angeklagt, beim Verkauf der Marken Gubor, Schokakola und Kneisl, den Käufer, das Norderstedter Unternehmen Genuport, über den Tisch gezogen und schlechte

Umsatzzahlen verschwiegen zu haben. (10)

Halloren Schokoladenfabrik AG

, Sitz in Halle, 26 Millionen Euro Jahresumsatz, 330 Mitarbeiter, seit Mai 2007 an der Börse, älteste Schokoladenfabrik Deutschlands, setzt ganz auf Qualität und bietet nur Premium-Produkte an. In Ostdeutschland sind die Wachstumsgrenzen erreicht, daher expandiert das Unternehmen nun im Westen durch Firmenübernahmen. 2000 übernahm es die Confiserie Dreher aus Bad Reichenhall, 2002 die Confiserie Chocolaterie Weibler aus Cremlingen. Weitere Confiserie-Betriebe sollen folgen. (6)

Für viele ist Schweizer Schokolade das Maß aller Dinge. Und tatsächlich erzielten die 18 **Schweizer Schokoladenhersteller** im Jahr 2006 ein Rekordergebnis. Im Vorjahresvergleich konnten die Verkäufe nochmals um 4,9 Prozent auf 168 250 Tonnen und der Branchenumsatz um 4,1 Prozent auf 1 526 Millionen CHF gesteigert werden. Die Gesamtproduktion wurde zu 58,7 Prozent (Vorjahr: 57 Prozent) im Ausland abgesetzt. (11)

Wer ein wahres Schokoladenparadies "The sweetest place on earth" - erleben möchte, der reise ins amerikanische Hershey. Dort sitzt der gleichnamige größte amerikanische Schokoladenhersteller **Hershey Foods Corp.**, gegründet von Milton Hershey von über 100 Jahren. Er gehe über die "Chocolate Avenue", überquere die "Cocoa Avenue" und betrachte die Schirme der Straßenlaternen, die die Form der berühmten "Hershey-Kisses", kleine tropfenförmige Schokoladenstückchen haben. Hershey, mit knapp 5 Milliarden Dollar Jahresumsatz, erzielt zwar 90 Prozent seines Umsatzes im Heimatmarkt, sieht sich dort aber wachsender Konkurrenz durch den Hersteller Mars ausgesetzt und verliert Marktanteile. International ist Hershey schlecht aufgestellt. Angesichts stagnierenden Umsatzes und Gewinneinbußen machen sich nun erneut Übernahmegerüchte breit. Man munkelt, dass sich Hershey mit der britischen Cadbury zusammenschließen könnte. (12)

Zahlen & Fakten

Umsatz im Markt für Schokolade nach Produktgruppe 2006-2007

Produktgruppe	Umsatz* 2006 in Millionen Euro	Umsatz* 2007 in Millionen Euro
Pralinenähnliche Produkte	286,70	279,50
Pralinen-Mischungen	179,10	163,90
Alkoholpralinen	74,50	69,00
Saisonpralinen	27,50	24,50
Diätpralinen	2,90	2,50
Tafelschokolade bis 99 Gramm	50,40	41,40
Tafelschokolade 100 Gramm	350,10	334,90
Tafelschokolade größer als 100 Gramm	194,50	188,90
Schokoriegel	429,30	426,90
Müsliriegel	46,60	46,10
Kuchenriegel	8,10	9,40
Restliche Riegel	6,60	6,60
Marzipanriegel	2,70	2,70
Schokoknabberartikel	145,90	129,90
MG Sonstige Schokowaren	76,30	78,00
Gesamt	1.881,20	2.804,20

* Umsatz im Lebensmitteleinzelhandel, Aldi, Impuls, DM; jeweils bis Kalenderwoche 22   GB IGe ikx Grafk

Quelle: AC Nielsen

Entnommen aus: Lebensmittel-Zeitung, 36/2007, S. 52

Rohkakaolieferländer Deutschlands

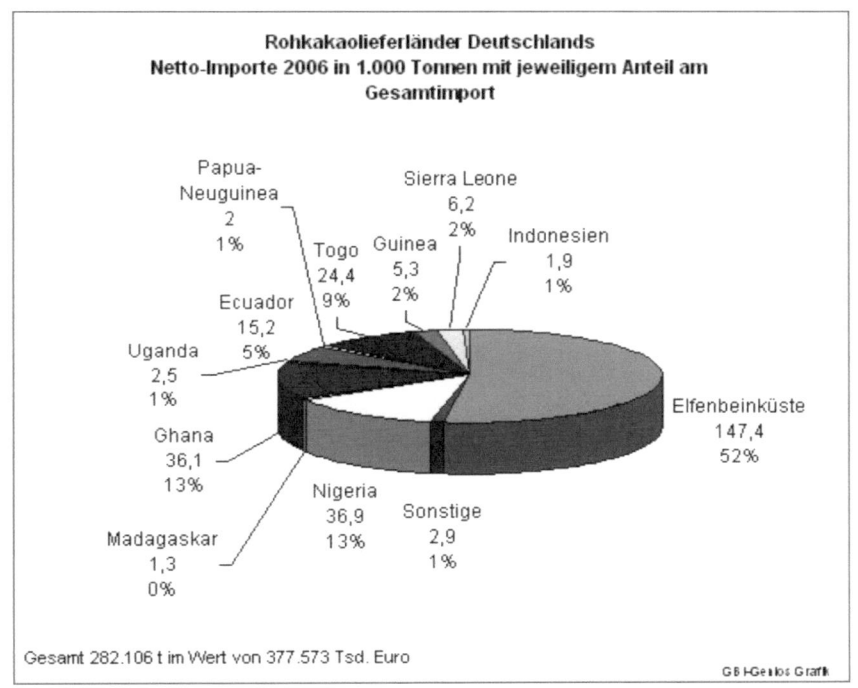

Quelle: Bundesverband der Deutschen Süßwarenindustrie (BDSI)

Entnommen aus: www.bdsi.de,
http://www.bdsi.de/de/zahlen_fakten/schokoladewarei

Weiterführende Literatur

(1) Bundesverband der Deutschen Süßwarenindustrie e.V., Adventskalender: Hinter jedem Türchen verbirgt

sich eine süße Überraschung, 30.11.2007
aus "Regal" Nr. 09/07 vom 01.10.2007 Seite: 196

(2) In der Schokoladenschmelze
aus Lebensmittel Zeitung 36 vom 07.09.2007 Seite 050

(3) Bundesverband der Deutschen Süßwarenindustrie, Hohe Wetterabhängigkeit der Schokoladenbranche, www.infozentrum-schoko.de
aus Lebensmittel Zeitung 36 vom 07.09.2007 Seite 050

(4) Barry Callebaut verkauft US-Tochter
aus Handelsblatt Nr. 180 vom 18.09.07 Seite 15

(5) "Sind wir der richtige Eigentümer für Sarotti?"
aus Frankfurter Allgemeine Zeitung, 25.08.2007, Nr. 197, S. 12

(6) Der Herr der Kugeln
aus Handelsblatt Nr. 228 vom 26.11.07 Seite 13

(7) Stiftung Warentest, Test: Bitterschokolade, Kakaoanteil über 60 Prozent, www.test.de, 10.12.2007
aus Handelsblatt Nr. 228 vom 26.11.07 Seite 13

(8) Stiftung Warentest, Test: Milchschokolade. 20 Milchschokoladen von gut bis mangelhaft, ww.test.de, 25.10.2007
aus Handelsblatt Nr. 228 vom 26.11.07 Seite 13

(9) Luxusschokolade in Handarbeit
aus WirtschaftsWoche online vom 20071209, 10:30:32

(10) Barry Callebaut investiert kräftig

aus Frankfurter Allgemeine Zeitung, 07.11.2007, Nr. 259, S. 20

(11) Rekordergebnis bei Schokolade
aus Lebensmittel Zeitung 20 vom 18.05.2007 Seite 062

(12) Aufruhr im Schokoladenparadies
aus Frankfurter Allgemeine Zeitung, 12.10.2007, Nr. 237, S. 26

Impressum

Schokoladenbranche - Alle Jahre wieder hofft sie auf das Weihnachtsgeschäft!

Bibliografische Information der deutschen Nationalbibliothek

Die Deutsche Nationalbibliothek verzeichnet diese Publikation in der deutschen Nationalbibliografie; detaillierte bibliografische Daten sind im Internet über http://dnb.d-nb.de abrufbar.

ISBN: 978-3-7379-2467-2

© 2015 GBI-Genios Deutsche Wirtschaftsdatenbank GmbH, Freischützstraße 96, 81927 München, www.genios.de

Alle Rechte vorbehalten. Dieses Werk ist einschließlich aller seiner Teile – z.B. Texte, Tabellen und Grafiken - urheberrechtlich geschützt. Jede Verwertung außerhalb der Grenzen des Urheberrechtsgesetzes bedarf der vorherigen Zustimmung des Verlags. Dies gilt insbesondere auch für auszugsweise Nachdrucke, fotomechanische

Vervielfältigungen (Fotokopie/Mikroskopie), Übersetzungen, Auswertungen durch Datenbanken oder ähnliche Einrichtungen und die Einspeicherung und Verarbeitung in elektronischen Systemen.